"Al mondo c'è un'ambizione più elevata dello stare in piedi.
È quella di chinarsi e sollevare il genere umano un po' più in alto"

(Henry van Dyke)

SOMMARIO

Cap. I – L'Associazione　　　　　　　　　　　　pag. 2
Cap. II – La costituzione della non riconosciuta　pag. 6
Cap. III – I libri sociali e gli atti　　　　　　　　pag. 13
Cap. IV – Il bilancio di previsione　　　　　　　pag. 24
Cap. V – Il bilancio annuale o rendicontazione　pag. 27
Cap. VI – Le scritture contabili　　　　　　　　pag. 32
Cap. VII – Regime forfetario　　　　　　　　　pag. 37
Cap. VIII – Commerciale o no? REA o no?　　pag. 45
Cap. IX – Modulistica　　　　　　　　　　　　pag. 48
Sintesi e Promemoria　　　　　　　　　　　　pag. 56

ISBN:
1° edizione: Gennaio 2017 - © Marianna Archetti
Proprietà riservata all'autore, nessuna parte di questo libro può essere riprodotta, memorizzata o trasmessa con qualsiasi mezzo.
La presente pubblicazione contiene opinioni dell'autore ed ha lo scopo di fornire informazioni di indirizzo. L'elaborazione del testo, anche se curata in modo scrupoloso attraverso studi, non può comportare specifiche di responsabilità in capo all'autore e/o all'editore per eventuali errori od inesattezze.

Cap. I – L'ASSOCIAZIONE

Sono sempre più presenti nel tessuto sociale del nostro paese, con diversi fini, diverse attività portate avanti da volontari. Secondo l'ultima analisi dell'Istat sarebbero quasi 350.000 le realtà nel no-profit italiano nel quale opererebbero circa 4,7 milioni di volontari. Non dimentichiamo che nel no-profit rientrano anche partiti politici, sindacati, istituzioni religiose... il punto di raccordo è la voglia e la sensibilità degli italiani d'appartenere ad un gruppo.

Se pensate di costituire un'associazione, dovete prima comprendere delle semplici regole che vi possono aiutare a gestirla al meglio. Partiamo proprio dal principio.

Le associazioni si dividono in: associazioni riconosciute e non riconosciute.

a) Le associazioni riconosciute.

Rappresentano la forma più complessa, posseggono una personalità giuridica che gli consente d' avere un'autonomia patrimoniale perfetta, ovvero si determina la separazione del patrimonio dell'ente da quello dei soci, che agiscono in nome e per conto dell'ente. Questo vuol dire che le responsabilità di tipo economico (es. debiti...) derivanti da attività svolte dall'associazione ricadono solo sull'associazione e non sui patrimoni delle singole persone che la compongono o degli amministratori (per intenderci è l'autonomia che hanno le società di capitali: S.r.l., S.pa., S.a.p.a).

Le associazioni riconosciute possono usufruire di particolari benefici previsti dalla legge, come la possibilità di richiedere contributi da parte di enti pubblici. Hanno la possibilità di ricevere eredità e donazioni o di comprare immobili. Per ottenere il riconoscimento della personalità giuridica è necessario stanziare un capitale iniziale che rimarrà vincolato cioè non potrà essere utilizzato per altri scopi dall'associazione, proprio perché rappresenta la garanzia della solvibilità dell'associazione stessa, in caso di obbligazioni verso terzi.

Questo tipo di associazione è il più completo. Obbligatoriamente vanno costituite con atto pubblico (redatto dal notaio) che è necessario per il riconoscimento della personalità giuridica in base alle disposizioni del Dpr. 10 febbraio 2000 n.361, lo Statuto va registrato presso l'Agenzia delle Entrate, la domanda per il riconoscimento della personalità giuridica, insieme alla documentazione richiesta, deve essere presentata alla Prefettura della provincia in cui l'ente ha sede. La Prefettura, accertata la presenza delle condizioni previste dalla normativa, l'esistenza di uno scopo possibile e lecito, e che il patrimonio sia sufficiente, la inoltrerà per l'approvazione, attraverso il Ministero competente, alla Presidenza della Repubblica. L'iter per la costituzione è dettato da punti fermi e scandito da tempi prestabiliti, le associazioni riconosciute sono regolate dai principi generali del negozio giuridico ed in tema di invalidità si fa riferimento all'art. 2332 c.c. Lo statuto deve avere caratteristiche ben precise contenute nell'art. 16 c.c. Chiaramente l'attenzione del legislatore verso questo tipo di associazione è determinata dai benefici e dalle azioni che queste possono porre in essere. Le associazioni riconosciute hanno inoltre appositi albi nazionali, regionali o provinciali e comunali in cui iscriversi.

b) Le associazioni non riconosciute

Rappresentano un'organizzazione di persone legate tra loro dal raggiungimento di uno scopo non lucrativo ed hanno per lo più finalità culturali, sportive e ricreative. La giurisprudenza le definisce come un ente collettivo costituente un centro autonomo di interessi destinato ad attuare un fine definito dallo statuto e con un patrimonio distinto da quello dei soci.

A differenza delle associazioni riconosciute, per le "non riconosciute", la legge non prevede particolari formalità. L'atto costitutivo deve però contenere lo scopo perseguito e altre indicazioni basilari come il nome, la sede, mentre le regole che normano l'associazione possono essere poste in essere successivamente con una deliberazione dell'assemblea. L'atto potrebbe essere verbale, ma al fine di godere dei regimi fiscali agevolati, occorre che sia scritto e redatto con scrittura privata autenticata oppure scrittura pubblica. E' inoltre obbligatoria la forma scritta se l'associazione attua contratti di trasferimento di beni immobili o godimento di immobili per un periodo superiore ai 9 anni (art.1350 c.c.)

Non è necessario per iniziare l'attività dell'associazione che questa sia già costituita, sono previste infatti due forme di costituzione:

- simultanea: quando i soggetti interessati si riuniscono e costituiscono
- successiva: quando i soggetti promotori formano un programma esponendolo a terzi raccogliendo le adesioni. Successivamente gli interessati si riuniranno per la costituzione. In pratica avviene una sorta di "prova" dell'interesse esterno prima della vera e propria creazione.

In questo libro prenderemo in esame proprio l'associazione non riconosciuta, essendo questa la più sviluppata nel contesto sociale attuale

Cap. II - LA COSTITUZIONE DELL'ASSOCIAZIONE NON RICONOSCIUTA

Per costituire l'associazione è necessaria la presenza di almeno tre soggetti, occorre inoltre la redazione di due documenti distinti: l'atto costitutivo e lo statuto. L'atto costitutivo è il vero e proprio atto di nascita dell'associazione. Deve essere sottoscritto dai tutti i soci fondatori e deve contenere la volontà di creare l'associazione. Nell'atto sono inoltre indicati il nome, le finalità, la sede sociale e il nome del presidente eletto dell'associazione. Lo statuto è quell' atto che regola la vita interna ed il funzionamento della società, nel rispetto delle norme inderogabili poste dal Codice Civile. Lo statuto è parte integrante dell'atto costitutivo può essere unito a questo anche se forma oggetto di atto separato. Come già detto la legge non norma la redazione dei due atti, ma questi dovranno almeno contenere:

- il nome dell'associazione

E' un elemento importante, distintivo e serve a distinguerla dalle altre. Può essere di fantasia o ancora meglio, può rispecchiare l'oggetto sociale così da rendere intuibile nell'immediato ai terzi il fine dell'associazione. Chiaramente non deve creare confusione con il nome di altre società o associazioni esistenti, non deve essere contro legge, indecente, immorale, mentre se richiama il nome di una imprese deve essere autorizzato da questa. Se al contrario è il nome dell'associazione ad essere usato da altre, questa potrà rivolgersi al tribunale chiedendo la cessazione dell'uso del suo nome ed eventuale risarcimento.

- la sede sociale

Anche se non obbligatorio sarebbe un errore non definirla, soprattutto per i rapporti con i terzi. Nel caso ve ne siate dimenticati però la legge prevede che al sede divenga il luogo dove vi è continuativo ed effettivo svolgimento dell'attività.

- lo scopo sociale

E' la parte più importante, deve esposto nello statuto in modo chiaro ed intuibile. Se parliamo di associazioni sportive, parrebbe chiaro che l'attività svolta riguardi lo sport, tuttavia non è intuitivo comprendere di quale sport si tratti (es. associazione calcio, pallamano...) e l'estensione della medesima attività, cioè le varie attività che possono fare da contorno all'attività principale per raggiungere la finalità dell'associazione come ad esempio commercializzazioni. Che l'associazione non persegua fini di lucro deve essere indicato con esattezza sia per togliere qualsiasi dubbio su eventuali pretese di divisione degli utili sia verso il fisco che altrimenti tasserebbe questi come un ente commerciale, assimilando la stessa disciplina di questo all'associazione in oggetto.

– il fondo comune

L'associazione non riconosciuta, sfornita di personalità giuridica, è considerata ad ogni modo soggetto distinto dagli associati. Detiene un proprio patrimonio generato dal fondo comune formato dai contributi degli associati ed i beni acquistati con questi contributi (art. 37 c.c.). L'associazione ha un propria capacità che è gestita da persone fisiche che ne creano l'organizzazione interna che agisce a maggioranza e quindi senza l'unanimità dei consensi. Per le obbligazioni assunte dalle persone che rappresentano l'associazione i terzi possono far valere i loro diritti sul fondo comune. Delle obbligazioni stesse rispondo anche solidalmente e personalmente le persone che hanno agito in nome e per conto dell'associazione (art. 38 c.c.). Questo non vuol dire che chiunque abbia accettato l'operazione sia responsabile, al contrario è responsabile verso i terzi colui che sia entrato in relazione con il soggetto dichiarando la volontà dell'associazione.

Attenzione, tornando sul punto della formazione del patrimonio va fatta una puntualizzazione; i beni acquistati a titolo oneroso entrano nel fondo comune, ma non ve ne fanno parte i beni acquisiti dall'ente a titolo gratuito. Inoltre gli art. 600 c.c e 786 c.c. Evidenziano il fatto secondo il quale le disposizioni a favore di un ente non riconosciuto non hanno efficacia, se entro un anno dal giorno in cui il testamento è eseguibile non è fatta istanza per diventare un'associazione riconosciuta. Lo stesso vale per la donazione, chiaramente non per quelle di modico valore (di cui all'art. 783) che sono state consegnate all'associazione (es. beni mobili per la sede o svolgimento attività...)

- il rapporto associativo

La figura dell'associato nelle associazioni non riconosciute trova tutela a prescindere dalla mancanza di personalità giuridica. L'associato ha diritto al recesso, lo statuto può infatti regolarne modi e metodi, non può cedere la sua posizione di associato (a meno che sia previsto da statuto), se viene escluso può ricorrere a vie legali.

Importante evidenziare che i creditori del singolo membro dell'associazione non possono rivalersi sul patrimonio di questa, dividere il fondo o pignorare tant'è che se l'associato lascia l'associazione non ha diritto ad essere liquidato.

- gli organi sociali

Essendo regolamentate autonomamente in base all'art. 36 c.c. l'ordinamento interno viene definito dallo statuto. Normalmente gli organi sociali previsti sono: l'assemblea dei soci, il consiglio direttivo, il collegio dei revisori ed il collegio dei probiviri. Come detto potrebbero essere previsti da statuto anche solo l'assemblea dei soci e il consiglio direttivo, il minimo necessario per il buon funzionamento del sodalizio.

a) L'assemblea dei soci, è l'organo deliberativo formato da tutti gli associati. Deve essere convocata almeno una volta all'anno entro un periodo determinato da Statuto per l'approvazione del bilancio consuntivo, la visura del bilancio preventivo e dell'approvazione del valore delle quote associative annuali. Spetta all'assemblea la nomina del consiglio direttivo e dell'eventuale collegio dei revisori e dei probiviri. Può essere convocata in qualsiasi momento dal consiglio direttivo per sottoporre deliberazioni o fornire informazioni. Lo statuto dovrebbe indicare anche quando l'assemblea è chiamata a deliberare in via straordinaria; di norma per modifiche dello statuto , atto costitutivo, oggetto sociale e scioglimento dell'associazione. Altresì lo statuto dovrebbe contenere l'indicazione delle modalità di convocazione dell'assemblea e i tempi di preavviso, la figura del presidente e del segretario, le maggioranze necessarie per deliberare in prima e seconda convocazione, le modalità di voto.

Tengo ad evidenziare che la convocazione dell'assemblea ordinaria avviene di consuetudine almeno due volte (fisse) all'anno che sono di norma a marzo per la presentazione del bilancio consuntivo ed a dicembre per la presentazione del bilancio preventivo.

b) Il consiglio direttivo, è l'organo amministrativo ed organizzativo dell'associazione. E' eletto dall'assemblea ordinaria, ha un numero di membri definito dallo statuto (almeno minimo tre membri) che stanno in carica un numero di anni, sempre definito dallo statuto (di norma o tre o cinque, ma chiaramente è sempre a discrezione). Il consiglio delibera si ammissione, recesso ed esclusione del socio e su tutti gli atti di gestione della vita del sodalizio, redige il bilancio consuntivo, preventivo e il programma sociale. Lo statuto indicherà le modalità di convocazione e le maggioranze necessarie per deliberare. Ricordo che se non è indicato in questo atto, le varie modalità potranno essere indicate in un regolamento interno.

c) Il Presidente è colui che rappresenta legalmente l'associazione. I suoi poteri vanno determinati nello statuto od in alternativa nel regolamento interno o su deliberazione degli organi sociali. Il Presidente deve agire con le regole universali del buon padre di famiglia, non deve avvantaggiarsi dall'utilizzo dell'associazione e non può auto attribuirsi poteri degli organi sociali. Non è un monarca, è un rappresentate del fine sociali e della volontà degli organi amministrativi.

d) Il collegio dei revisori, se previsto (non c'è obbligo per le associazioni non riconosciute), ha compiti di vigilanza della contabilità e dell'amministrazione. Verifica se l'associazione svolge solo compiti sociali o anche commerciali (in modo da seguire gli impegni di natura contabile). E' formato di norma da tre membri di cui uno con carica di Presidente. E' buona norma che, se previsto, lo statuto ne indichi i poteri ed i compiti.

Il collegio dei probiviri è un ulteriore organo non obbligatorio, la sua natura è quella di "giudice" nelle controversie tra associazione ed associati.

- Lo scioglimento

Lo scioglimento dell'associazione non riconosciuta non è regolamentato dal codice civile. Deve essere disciplinato dallo statuto, ma, se nulla è indicato, vale l'art. 27 c.c. che fa riferimento alle cause di estinzione della persona giuridica "la persona giuridica si estingue quando lo scopo è stato raggiunto o è divenuto impossibile da raggiungere. Le associazioni si estinguono inoltre quando tutti gli associati sono venuti a mancare. L'estinzione è dichiarata dalla autorità governativa, su istanza di qualunque interessato o anche di ufficio". Ad ogni modo, sarebbe auspicabile l'inserimento di un punto nello statuto che tratti lo scioglimento dell'ente con indicazione della maggioranza necessaria e della destinazione dell'eventuale residuo attivo, che in ogni caso non può essere diviso tra i soci (art. 37 c.c.). Una clausola di questo tipo sarebbe nulla. Si rammenta inoltre che il D.Lgs.460 del 1997 a fronte della fruizione delle agevolazioni fiscali pone espresso divieto di distribuzione del residuo attivo ai soci e l'obbligo di devolvere il patrimonio residuo dell'ente ad altre associazioni con finalità analoghe oppure ai fini di pubblica utilità.

Cap. III - I LIBRI SOCIALI E GLI ATTI

- LIBRI

La norma civilistica non impone, alle associazioni non riconosciute, la tenuta di alcun libro sciale e della contabilità sociale. Tuttavia, per una corretta amministrazione interna, suggerisco la tenuta di "libri sociali" che, anche se non vidimati, potranno servire nell'arco della vita dell'ente.

- Il libro soci: utile per avere un elenco cronologico degli iscritti, i versamenti, le esclusioni e ogni altra variazione riguardante i soci.
- Libro verbali del consiglio direttivo: vengono verbalizzate le riunioni e quindi tutte le deliberazioni dell'organo
- Libro delle assemblee dei soci: vengono inserite verbalizzate le assemblee e di rimando tutte le delibere dell'assemblea
- Libro dei verbali dei revisori: dove verranno verbalizzate tutte le ispezioni ed i controlli

Per quanto riguarda i libri e i registri contabili (vedi capitolo sulle scritture contabili) invece va redatta una ordinata partita doppia per verificare in ogni momento la trasparenza della gestione. Per il bilancio invece l'ordinamento civilistico non prevede alcun adempimento particolare, demandando la decisione agli associati.

FAC- SIMILE

* ATTO COSTITUTIVO ASSOCIAZIONE NON RICONOSCIUTA

Con la presente scrittura privata da valere ad ogni effetto di legge si conviene e stipula quanto segue:

L'anno xxxx il giorno xx del mese di xxxxxx sono presenti i signori soci promotori:

- *Sig. xxxxx, nato a xxxx il xxxxx, residente a xxxxx in via xxxxx. CF: xxxxxxxxxx*

- *Sig. xxxxx, nato a xxxx il xxxxx, residente a xxxxx in via xxxxx. CF: xxxxxxxxxx*

- *Sig. xxxxx, nato a xxxx il xxxxx, residente a xxxxx in via xxxxx. CF: xxxxxxxxxx*

Tra i detti signori è costituita un'Associazione denominata: "xxxxxxxxxxx" con sede a xxxxxx, via xxxxxxxxx

L'associazione è retta dai principi di mutalità, non ha finalità lucrative ed è apartitica, persegue scopi sociali ed altruistici.

Le norme sull'ordinamento, sull'amministrazione ed i doveri ed obblighi dei soci sono riportati nello statuto dell'associazione.

Gli organi sociali dell'Associazione sono l'Assemblea dei

soci, il Consiglio diettivo e xxxxxxxxxxxxxxxxx.

L'Assemblea dei soci fondatori nomina a comporre il primo Consiglio Direttivo e a loro assegna le seguenti cariche:

Sig. xxxxxxxx   -   Presidente
Sig. xxxxxxxxx   -   Vice Presidente

Sig. xxxxxxxx   -   Consigliere - Tesoriere

I suddetti Signori attestano la mancanza di cause d'incompatibilità e accettano le cariche.

Per tutto quanto non previsto in tale atto costitutivo e nell'allegato statuto valgono le norme in materia del Codice Civile.

* STATUTO ASSOCIAZIONE NON RICONOSCIUTA
  – Denominazione e sede

E' costituita l'Associazione culturale/ricreativa "xxxxxxxxxxxx"ai sensi dell'artt. 36 e seguenti del c.c., costituita con scrittura privata in data (data atto costitutivo) ha sede legale in xxxxxxxxxxx via xxxxxxxxxxxxxx.

2. Finalità

xxxxxxxxxxxxxxxx è un'Associazione su base volontaria di natura privatistica, apartitica, senza scopo di lucro con finalità di promozione xxxxxxxxxxxxxxxxxxxxxxxxxxxxxx. *L'Associazione xxxxxxxxxxxxxxx si pone come obiettivo xxxxxxxxxxxxxxxxxxxxxxxxxxxxxxxxxxxxxxxxxxxxxxxxxx xxxxxxxxxxxxxxxxxxxxxx*

Per il perseguimento dei fini istituzionali, prevalentemente l'Associazione si avvale delle attività prestate in forma volontaria, libera e gratuita dei propri associati; in caso di particolari necessità può avvalersi di prestazioni di lavoro autonomo e professionale, anche ricorrendo ai propri associati. Sono/non sono previsti rimborsi spese…………………..

3. Durata

La durata dell'associazione è a tempo indeterminato

4. Soci

La qualifica di "Socio" viene acquisita all'atto del normale versamento della quota associativa annualmente stabilita dall'Assemblea dei Soci su proposta del Consiglio Direttivo. Detta quota, pena la decadenza dell'iscrizione, deve essere versata entro xxxxx giorni dalla richiesta di iscrizione all'Associazione

a) L'iscrizione è aperta a tutti i cittadini. Esistono diverse categorie di soci:

- ordinari: coloro che riconoscendosi nelle finalità dell'associazione la sostengono prestando la propria opera e versando la quota associativa

- *benemeriti*: fanno parte dell'associazione per particolari meriti

- *sostenitori:* sono enti o persone che abbiano giovato all'associazione corrispondendo una quota o con propria attività

Non è ammessa la categoria dei soci temporanei. La quota associativa è intrasmissibile.

Chiunque aderisca all'Associazione può in qualsiasi momento notificare la sua volontà di recedere; tale recesso ha efficacia dall'inizio del secondo mese successivo a quello nel quale il Consiglio Direttivo riceva la notifica della volontà di recesso.

La qualifica di Socio si perde per dimissioni, per mancato pagamento della quota associativa, per morte o per esclusione deliberata dal Consiglio Direttivo in caso di indegnità del Socio per incompatibilità con l'attività dell'Associazione o in caso di indegnità per attività pregiudizievole.

5.. Diritti e doveri del socio

Tutti i Soci in regola con il versamento della quota sociale, hanno diritto a partecipare alle attività sociali, a ricevere le pubblicazioni edite dall'associazione ed hanno diritto all'elettorato attivo e passivo. Tutti i Soci hanno il dovere di rispettare il presente Statuto e le risoluzioni prese dagli organi rappresentativi secondo le competenze statutarie, oltre che tenere un comportamento appropriato con l'attività dell'associazione.

6. Organi dell'associazione

Sono: l'Assemblea dei Soci; il Consiglio Direttivo; il Presidente; ecc……

7. L'assemblea dei soci

- l'Assemblea dei Soci, organo sovrano dell'Associazione, è composta da tutti gli aderenti all'Associazione

- l'Assemblea, per le decisioni di sua competenza, si riunisce almeno xxxx volte l'anno entro il mese di xxxxx per xxxxxx ed entro il mese di xxxxxxx per xxxxxxxx

- In sede "ordinaria" l'assemblea è regolarmente costituita: in prima convocazione, con la presenza di almeno (quorum) dei Soci aventi diritto di voto; in seconda convocazione, da tenersi almeno (tempo) dopo, è valida (quorum). Sia in prima convocazione che in seconda convocazione, l'Assemblea delibera a (quorum) di voti. E' di competenza dell'assemblea ordinaria: l'approvazione dei bilanci e del programma dell'attività sociale, la destinazione dell'avanzo di gestione o copertura del disavanzo, la nomina del Presidente e dei componenti del consiglio direttivo/collegio sindacale/ probiviri, l'approvazione dei regolamenti interni, la trattazione degli argomenti riservati alla sua competenza da regolamenti o dal direttivo.

- In sede "straordinaria" l'assemblea è regolarmente costituita: in prima convocazione, con la presenza di almeno (quorum) dei Soci aventi diritto di voto; in seconda convocazione, da tenersi almeno (tempo) dopo, è valida (quorum). Sia in prima convocazione che in seconda convocazione, l'Assemblea delibera a (quorum) di voti. E' di competenza dell'assemblea straordinaria: la modifica dell'atto costitutivo e dello statuto, lo scioglimento dell'associazione, nomina e revoca dei liquidatori.

8. Svolgimento dell'assemblea

L'assemblea è presieduta dal Presidente, in mancanza di questo dal Vice Presidente o in assenza di entrambi dal consigliere più anziano d'età del consiglio direttivo. Il Presidente nomina un segretario e se ritiene necessario, due scrutatori. Accerta la regolarità della convocazione e della costituzione dell'assemblea, da diritto ad intervenire del socio. Dall'assemblea viene redatto un verbale firmato dal Presidente e dal segretario.

9. In consiglio direttivo

L'associazione "xxxxxxx" è amministrata da un Consiglio Direttivo composto, a scelta dell'Assemblea, da (tre) membri e dura in carica 5 (cinque) anni, tutti i membri sono rieleggibili;

In caso di dimissioni o decesso di un Membro del Consiglio Direttivo subentra il socio ordinario, primo dei non eletti. In caso non vi sia tale figura, potrà essere votato un sostituto tra i soci ordinari che subentrerà fino alla scadenza naturale del Consiglio Direttivo.

Il Consiglio Direttivo:

- E' investito dei poteri per la gestione ordinaria e in particolare, gli sono riconosciute tutte le facoltà per il raggiungimento delle finalità sociali. Convoca l'assemblea, delibera sull'ammissione dei soci, reperisce i fondi per il raggiungimento dei fini sociali, gestisce il patrimonio sociale e propone all'Assemblea l'entità delle quote associative annuali;

- Predispone lo schema di bilancio ed il programma dell'attività sociale per portarli all'approvazione dell'assemblea.

- Predispone e delibera i Regolamenti interni per l'organizzazione ed il funzionamento delle varie attività, ivi compresi quelli delle elezioni degli organi statutari;

- Delibera sullo scioglimento e la liquidazione dell'associazione e la devoluzione del suo patrimonio; delibera su ogni altro argomento di carattere straordinario sottoposto alla sua approvazione dall'assemblea dei soci.

- Decide l'eventuale rimborso delle spese sostenute e documentate, relative alle attività statutarie;

Per la validità delle deliberazioni occorre il voto favorevole della maggioranza dei presenti; in caso di parità è decisivo il voto del Presidente;

10. Il Presidente

- *Il Presidente, eletto a votazione segreta dall'assemblea, rappresenta legalmente l'associazione di fronte a terzi ed anche in giudizio. Deve essere scelto tra i soci ordinari. Dura in carica 5 (cinque) anni ed è rieleggibile.*

- *Il Presidente convoca e presiede l'assemblea e il consiglio direttivo, cura l'esecuzione delle relative deliberazioni, sorveglia sul buon andamento amministrativo dell'Associazione, verifica l'osservanza dello Statuto e dei Regolamenti, ne promuove la riforma ove se ne presenti la necessità.*

- *Ove in corso di mandato intenda rinunciare al proprio incarico dovrà darne per iscritto tempestiva comunicazione al consiglio direttivo che è competente ad esprimersi a maggioranza circa l'accettazione.*

- *Nomina, ad ogni seduta, il socio segretario che si prenderà cura della redazione del verbale.*

Il Vice Presidente sostituisce il Presidente in caso di assenza o impedimento.

11. Il collegio dei revisori (se previsto)

Vigila sull'operato del consiglio direttivo e sulla gestione economica dell'associazione. Si compone di tre membri effetti e due supplenti (possono/non possono essere nominati tra i soci). Dura in carica xxx anni e sono/non sono rieleggibili.

12. Collegio dei probiviri

Risolve eventuali controversie tra i soci o fra soci e società, riguardanti il rapporto sociale. Decide sulla revoca, sul provvedimento o sul reintegro del socio. E' formato da xxx membri di cui uno Presidente. E' eletto dall'assemblea ordinaria, resta in carica xxx anni i suoi membri possono/non possono essere rieletti.

12. Esercizio e bilanci

L'esercizio sociale chiude al 31 dicembre di ogni anno. Il Consiglio Direttivo deve presentare all'assemblea per l'approvazione: bilancio preventivo entro il xxxxx e bilancio consuntivo entro il xxxxx. All'Associazione è vietato distribuire, anche in modo indiretto, utili o avanzi di gestione comunque denominati, nonché fondi, riserve o capitale durante la vita dell'Associazione stessa;

13. Libri sociali

I libri sociali che l'associazione deve tenere sono xxxxxxxxxxx

Tali prima d'essere usati devono essere vidimati dal Presidente. Se l'attività svolta riguarderà attività commerciale, la contabilità verrà uniformata in base alle disposizione del legislatore fiscale.

14. Scioglimento e liquidazione

Lo scioglimento o cessazione dell'associazione non potrà essere richiesto che dall'Assemblea straordinaria dei Soci valida in prima o in seconda convocazione, secondo i quorum previsti. In caso di scioglimento, cessazione o estinzione, dopo la liquidazione, il patrimonio residuo dovrà essere devoluto a fini di utilità sociale.

15. Rinvio

Per tutto quanto non espressamente previsto dal presente Statuto si fa riferimento alle norme di legge e ai principi dell'ordinamento giuridico italiano con volontà dell'utilizzo di attività di mediazione.

Cap. IV - IL BILANCIO DI PREVISIONE

Il bilancio di previsione è un documento non obbligatorio per le associazioni non riconosciute. E' consuetudine di queste tuttavia inserirlo nello statuto tra i documenti da redigere, per migliorare l'impostazione di gestione e permettere un maggior controllo interno sull'andamento dell'associazione. Esso indica gli obiettivi da raggiungere durante l'anno, va discusso redatto dal consiglio direttivo ed approvato dall'assemblea dei soci (in alcune associazioni invece il tutto viene redatto ed approvato direttamente dal consiglio direttivo e solo illustrato ai soci). Il documento in questo modo assume una valenza autorizzativa oltre che di funzione di guida indicando i limiti della spesa e delle operazioni.

Il bilancio di previsione è uno strumento di riferimento per la gestione annuale pertanto deve consentire di programmare l'attività da svolgere in base agli obiettivi prefissati ed ai mezzi disponibili, individuare i metodi per raggiungere mezzi di finanziamento o di funzionamento necessari, porre limiti agli organi amministrativi, evidenziare i mezzi a disposizione dell'associazione.

Il limite temporale per la presentazione dovrebbe essere il 31 dicembre, in quanto approvare a metà anno o ad anno in corso un bilancio di previsione sarebbe inutile essendo già passati mesi utili per attuare quanto scritto. Si ricorda inoltre che il valore delle quote associative di norma viene inserito in questo documento e deve essere conosciuto in anticipo dai soci. Nel caso non sia previsto dal bilancio ma si voglia inserire nell'attività dell'associazione e quindi normarlo, è sempre possibile la creazione tramite regolamento interno.

Di norma il bilancio di previsione, redatto con numeri, viene affiancato da una relazione esplicativa nella quale l'organo amministrativo spiega come ha determinato i valori del bilancio, le entrate e le uscite.

A seguito è stato illustrato un fac- simile di bilancio preventivo:
BILANCIO DI PREVISIONE "NOME ASSOCIAZIONE"
ENTRATE
Residui attivi dell'ultimo anno
Entrate associative
   Quote associative soci ordinari
   Quote associative soci sostenitori
   Quote associative straordinarie
   Contributi volontari
   Contributo da.........
Entrate derivanti da attività sociali
   Manifestazioni
   Feste
   Raccolta fondi
Altre entrate accessorie
   Sponsorizzazioni
   Entrate da corsi

TOTALE ENTRATE

USCITE
Uscite associative
  Oneri organizzativi, adesioni ad enti
  Convenzioni
  Contributi
  Rimborsi spese
Uscite derivanti da attività
  Costi per manifestazioni e feste
Uscite patrimoniali
  Manutenzioni
Uscite generali
  Iniziative editoriali
  Affitti
  Altre spese (iva indetraibile ecc....)
TOTALE USCITE
TOTALE Avanzo/Disavanzo previsionale

Chiaramente possono esserci più o meno voci che possono essere più o meno sintetiche, questo a discrezione dell'associazione. Un consiglio, una volta adottato uno schema, sarebbe meglio continuare l'utilizzo dello stesso per poter così comparare agevolmente anche più anni.

Cap. V - IL BILANCIO ANNUALE O RENDICONTAZIONE

Successivamente al bilancio preventivo, fatto ad inizio anno, a fine anno viene redatto il documento a consuntivo, il bilancio annuale che dovrebbe rispecchiare quanto previsto. In questo documento vengono dimostrati: la misura dei risultati conseguiti, il motivo perché alcuni programmi sono stati realizzati, altri a metà o altri per niente, le eventuali responsabilità degli amministratori.

Ovviamente per gli enti non commerciali il bilancio ha finalità ed obiettivi diversi rispetto a chi opera nel commercio.

Tanto per cominciare nelle società commerciali si parla di reddito, utili perseguiti dividendi, nelle associazioni invece si parla di risoluzione di problemi, di definizione di progetti sociali e di destinazione degli avanzi di gestione ai fini associativi, umanitari, solidaristici, di finalizzazione del risultato attivo derivante da eventuali gestioni commerciali connesse a quelle istituzionali, finalità che non possono scostarsi dagli scopi per i quali l'ente è stato costituito. Il tutto è coronato dallo spirito di "servizio" che deve avere l'associazione (altrimenti sarebbe ente commerciale).

Le finalità del bilancio o rendiconto sono: dimostrare agli associati ed ai terzi le risorse a disposizione dell'associazione, conservare memoria storica dell'andamento dell'ente, registrare l'andamento della gestione per poi fare analisi e migliorarla, informare terzi ed associati dell'andamento dell'associazione, assolvere agli obblighi fiscali e determinare i risultati annuali sui quali porre in essere un nuovo percorso.

Il bilancio deve essere esposto in modo chiaro, veritiero e corretto e che risponda alle risultanze della documentazione e delle scritture contabili (la dove tenute) esattamente come recita l'art. 2423 c.c. comma 2.

La struttura del bilancio non è prevista. Questo significa che ciascuna associazione potrà porre in essere diverse tipologie di strutture di bilancio (si auspica sempre uguali di anno con anno in modo da poter essere comparate e comprensibili), ad ogni modo l'ente dovrà sempre tenere conto del tipo di contabilità in atto, della dimensione dell'organizzazione, delle diverse attività dell'ente, della necessità di distinguere l'attività istituzionale da quella commerciale, degli obiettivi e dei principi di redazione.

Di solito, per le associazioni non riconosciute, il bilancio viene redatto secondo la contabilità finanziaria con annesso rendiconto, ciò non toglie la possibilità di redigere un bilancio civilistico (art. 2423 c.c.) completo di stato patrimoniale, conto economico e nota integrativa.

Di seguito due esempi di schemi; uno per sola attività istituzionale e l'altro per attività istituzionale e commerciale.

Bilancio/Rendicontazione con solo attività istituzionale

Bilancio Consuntivo dell'associazione "nome"

ENTRATE
- *Entrate per quote associative*
- *Contributi*
- *Entrate per attività istituzionali*
- *Altre entrate*
- *Interessi attivi*
- *Fitti attivi*

Totale Entrate

USCITE
- *Uscite di gestione ordinaria*
- *Uscite per attività*
- *Altre uscite*
- *Interessi passivi*

Totale Uscite
Avanzo di gestione

TOTALE A PAREGGIO

Bilancio/Rendicontazione con solo attività istituzionale

Bilancio Consuntivo dell'associazione "nome"

ENTRATE

TITOLO I Entrate sociali

Entrate per quote associative

Contributi

Entrate per attività istituzionali

Altre entrate per attività sociali

Interessi attivi

Totale Titolo I

TITOLO II Entrate patrimoniali

Fitti attivi

Partecipazioni

Totale Titolo II

TITOLO III Entrate commerciali

Ricavi bar

Ricavi centro vendite

Totale Titolo III

TOTALE GENERALE ENTRATE

USCITE

TITOLO I Uscite sociali

Uscite di gestione ordinaria

Uscite per organizzazione

Uscite per convenzioni

Uscite per rimborsi

Uscite per attività sociali (Gite, Noleggio, Vitto e alloggio, Convegni, Rimborsi ai relatori)

Totale titolo I

TITOLO II Uscite patrimoniali

Manutenzione immobili

Acquisto beni durevoli

...

Totale titolo II

TITOLO III USCITE PER ATTIVITA' COMMERCIALE

Materie prime

Servizi

Godimento beni di terzi

Oneri di gestione

...

Totale titolo III

TOTALE GENERALE USCITE

Avanzo di gestione

TOTALE A PAREGGIO

Cap. VI - LE SCRITTURE CONTABILI

Le organizzazioni non profit sono svincolate dagli obblighi contabili previsti per gli imprenditori commerciali, tranne che per quello che concerne l'art. 20 del c.c., comma 1: "L'assemblea delle associazioni deve essere convocata dagli amministratori una volta all'anno per l'approvazione del bilancio", vincolo che è valido per le associazioni riconosciute ma che è buona prassi che venga adottato anche dalle non riconosciute.

Come era già stato trattato infatti, per le associazioni non riconosciute non vi è un obbligo di legge, ma una prassi per maggiore chiarezza e trasparenza interna. Inoltre, in tali associazioni, va seguito quanto stabilito dallo Statuto che può prevedere la tenuta di determinati "libri" contabili. Resta fermo il rispetto (sul versante fiscale) della riforma attuata con il D.Lgs. 4 dicembre 1997 n.460 che raccomanda di tenere conto, ai fini contabili, del bilancio e delle dichiarazioni fiscali di particolari previsioni che riguardano l'individuazione dell'oggetto esclusivo o principale dell'attività ai fini della qualificazione dell'ente, la perdita della qualifica di ente non commerciale e le conseguenze, la decorrenza degli effetti derivanti dalla perdita della qualifica di ente non commerciale. Inoltre, le associazioni che effettuano raccolte pubbliche di fondi, devono redigere entro 4 mesi dalla chiusura dell'esercizio un apposito rendiconto dal quale devono risultare in modo chiaro le entrate e le uscite relative a ciascuna delle attività istituzionali che a norma dell'art. 143, comma 3, lett. a, del Dpr. n. 917 del 1986, sono esenti da imposizione fiscale.

Le scritture elementari sono una buona base per le associazioni non riconosciute o che svolgono meramente un'attività istituzionale. Vanno registrate senza cancellazioni od abrasioni e devono rispecchiare la reale operazione eseguita. Andrà quindi tenuto un apposito libro per ogni tipo di rilevazione: un registro cassa, un registro per contabilizzare i movimenti con i soci (tesseramenti, donazioni volontarie...), un libro per rilevare i cespiti ed altri a seconda delle necessità dell'associazione stessa. Un consiglio per avere la situazione sempre aggiornata potrebbe essere quello della tenuta di un libro cumulativo dove inserire tutte le entrate e tutte le uscite contenute ordinatamente negli altri. Non esistono fac-simili per la registrazione nei libri, tuttavia va mantenuta una cronologicità di annotazione delle operazione e la veridicità di queste. Inoltre è indispensabile tenere delle "pezze giustificative" ovvero, fatture e ricevute per entrate ed uscite (con relativa data di registrazione, numero assegnato e indicazione del libro di registrazione) in modo che tutta la documentazione sia facilmente reperibile.

Per le associazioni che svolgono attività commerciale occorre però garantire la separazione dei fattori commerciali da quelli istituzionali. (Attenzione, la "festa" svolta occasionalmente dall'associazione per reperimento fondi per i proprio associati non è da ritenersi attività commerciale). La regolare tenuta delle due contabilità separate rappresenta l'applicazione letterale dei commi 2 e 3 dell'art. 144 del Dpr.917 che impone inoltre l'individuazione dei beni relativi all'attività commerciale, inoltre ciò risponde ai requisiti formali e sostanziali richiesti dal legislatore fiscale ai fini della determinazione analitica del reddito.

L'impianto dei libri contabili degli enti non commerciali, per l'attività commerciale, dovrebbe essere costituito dai seguenti libri e registri: libro giornale, libro inventari, registri iva (acquisti, vendite e corrispettivi), qualora inoltre avvenga l'impiego di dipendenti o collaboratori dovrà tenere i registri previsti in materia di contabilità del lavoro. In realtà in base alle disposizioni del Dpr. 7 dicembre 2001 n.435 art 12, sono entrate in vigore delle semplificazioni contabili per cui, i soggetti obbligati a tenere libro giornale ed inventari non sono più obbligati a tenere il registro dei beni ammortizzabili e i registri Iva (fatture emesse, corrispettivi e fatture d'acquisto) purchè le registrazioni siano effettuate nel libro giornale nei termini previsti dalla disciplina Iva (Dpr.n.633 del 1972) nel termine previsto per la presentazione della dichiarazione dei redditi per il registro dei beni ammortizzabili, e su richiesta dell'amministrazione finanziaria siano forniti gli stessi dati che sarebbe stato necessario annotare nei registri non tenuti. Inoltre secondo la circolare n. 6/E del 25 gennaio 2002 dell'Agenzia delle Entrate, i soggetti in regime di contabilità semplificata possono non tenere il registro dei beni ammortizzabili a condizione che siano in grado di fornire gli stessi dati previsti dall'art. 16 del Dpr. n.600 del 1973.

I regimi contabili dove sono ammesse le associazioni, ai densi dell'art. 20 Dpr.600 del 1973 sono i seguenti:

- Contabilità super semplificata: art. 1 c.116, della legge n.244/2007. L'Agenzia delle Entrate ha puntualizzato che, relativamente agli adempimenti contabili degli enti non commerciali in regime di determinazione forfetaria del reddito, tali restano obbligati ad annotare l'ammontare complessivo, distinto per aliquota, delle operazioni fatturate in ciascun mese, con riferimento allo stesso mese, entro il 15 del mese successivo, nei registri previsti ai fini Iva ovvero nell'apposito prospetto riepilogativo, che tiene luogo dei registri stessi, conforme al modello approvato con decreto del Ministero delle finanze 11 febbraio 1997, pubblicato nella Gazzetta Ufficiale n.37 del 14 febbraio 1997, ed alle relative istruzioni; ad annotare entro il termine previsto per le liquidazioni trimestrali dell'Iva l'importo complessivo imponibile mensile o trimestrale degli acquisti e delle importazioni, indicando l'imposta detraibile nel registro di cui all'art. 25 del D.p.r. n.633 del 1972 o nel prospetto sopra menzionato. Sono tenute a conservare, ai sensi dell'art. 22 del D.p.r.n.600 del 1973, la documentazione degli altri costi di cui si intenda effettuare la deduzione ai fini delle imposte sui redditi.

- Contabilità semplificata: i contribuenti minori ai sensi dell'art.18 Dpr. 29 settembre 1973 n.600 possono tenere scritture contabili di tipo semplificato. Limitatamente alle attività commerciali esercitate possono tenere tale tipo di contabilità a condizione che i ricavi conseguiti in un anno non abbiano superato il limite di 309.874,14 euro per le prestazioni di servizi e 516.456,90 p er le altre attività. Se operano con entrambe le situazioni devono tenere come limite quello dell'attività prevalente.
- Contabilità ordinaria: cioè quella definita dal c.c. art. 2214 per l'imprenditore commerciale. Scatta quando il contribuente supera le soglie prima citate.
- Contabilità forfetaria degli enti non commerciali art.145 Dpr 917 del 1986. E Legge 398/91 contabilità applicata a proloco, associazioni senza scopo di lucro e ASD.

Cap. VII - REGIME FORFETARIO e SPECIALE 398/91

a) *Regime forfetario*

Le associazioni non commerciali di norma applicano il regime forfetario degli enti non commerciali che è regolato dall'art. 145 del Dpr. 917 del 1986. La norma in esame, fatto salvo quanto previsto per associazioni senza scopo di lucro, proloco, Asd che applicano la legge 398/1991, istituisce un regime forfetario per la determinazione del reddito d'impresa fruibile da tutti gli enti non commerciali ammessi alla tenuta della contabilità semplificata ai sensi dell'art. 18 D.p.r. 29 settembre 1973. In base all'art. 145 comma 1, gli enti non commerciali possono optare, applicando all'ammontare dei ricavi conseguiti nell'esercizio di una attività commerciale il coefficiente di redditività corrispondente alla classe di appartenenza ed aggiungendo l'ammontare delle plusvalenze patrimoniali, delle sopravvenienze attive, dei proventi immobiliari, dei dividendi e degli interessi, per la determinazione forfetaria del reddito dell'impresa commerciale.

I coefficienti di redditività di cui all'art. 145 del Dpr n.917/86, sono definiti in base che l'attività riguardi la prestazione di servizi o altre attività.

Per la prestazione di servizi sei i ricavi ammontano fino ad euro 15.493,17 si applica un coefficiente del 15%, se sono superiori agli euro 15.493,17 fino agli euro 309.874,14 sarà del 25%.

Per le altre attività, sei i ricavi ammontano fino ad euro 25.822,54 si applica un coefficiente del 10%, se sono superiori ai 25.822,54 fino ai 516.456,90, del 15%.

Il regime forfetario si estende di anno in anno, nel momento in cui i ricavi indicati vengano superati alla chiusura del periodo d'imposta, non potrà trovare applicazione il forfetario per il periodo medesimo.

Per poter usufruire del regime forfettario è necessaria la compilazione del modello EAS. Il modello per la trasmissione dei dati, denominato "modello Eas", deve essere inviato, in via telematica attraverso l'Agenzia delle Entrate, direttamente dal contribuente interessato tramite Fisconline o Entratel, oppure tramite intermediari abilitati a Entratel - entro 60 giorni dalla data di costituzione degli enti. Il modello deve essere, inoltre, nuovamente presentato quando cambiano i dati precedentemente comunicati; la scadenza, in questa ipotesi, è il 31 marzo dell'anno successivo a quello in cui si è verificata la variazione.

Infine, caso di perdita dei requisiti qualificanti (previsti dalla normativa tributaria e richiamati dall'articolo 30 del DI n. 185/2008, il modello va ripresentato entro sessanta giorni, compilando la sezione "Perdita dei requisiti".

Sono esonerati dalla comunicazione dei dati:

- gli enti associativi dilettantistici iscritti nel registro del Coni che non svolgono attività commerciale
- le associazioni pro-loco che hanno esercitato l'opzione per il regime agevolativo in quanto nel periodo d'imposta precedente hanno realizzato proventi inferiori a 250.000 euro (Legge n° 398/1991 – Regime speciale Iva e imposte dirette)
- le organizzazioni di volontariato iscritte nei registri regionali che non svolgono attività commerciali diverse da quelle marginali individuate dal Dm 25 maggio 1995 (per esempio, attività di vendita di beni acquisiti da terzi a titolo gratuito, iniziative occasionali di solidarietà, attività di somministrazione di alimenti e bevande in occasioni di raduni, manifestazioni e simili)
- i patronati che non svolgono al posto delle associazioni sindacali promotrici le loro proprie attività istituzionali.
- le Onlus di cui al decreto legislativo n° 460 del 1997
- gli enti destinatari di una specifica disciplina fiscale (per esempio, i fondi pensione)

b) Regime forfetario speciale della legge 398/1991

La maggior parte delle associazioni presenti sul territorio fa riferimento a questo regime. L'introduzione delle legge n. 398 del 1991 ha apportato importanti novità nel panorama normativo del terzo settore, a favore di quegli enti che, accanto all'attività istituzionale intendono svolgere anche una attività di natura commerciale.

La legge è stata introdotta per semplificare gli adempimenti contabili, la determinazione del reddito, gli obblighi ai fini Iva ed introdurre agevolazioni fiscali. E' un regime opzionale al quale possono far riferimento solo le associazioni senza scopo di lucro, le proloco (art.9-bis Dl.30 dicembre 1991 n.417) e le associazioni sportive (riconosciute dal Coni o dalle federazioni sportive nazionali o dagli enti di promozione sportiva. Anche Asd create come cooperative o società di capitali in possesso dei requisiti dell'art.90 legge n.289 del 2002). Non sono ammessi comitati e fondazioni.

Sono ammesse le associazioni con le suddette caratteristiche che nel periodo d'imposta precedente abbiano conseguito dall'esercizio di attività commerciali proventi per un importo non superiore a 250.000,00 euro (a tal proposito si vedano le risoluzioni dell'Agenzia delle Entrate del 16 maggio 2006 b.63/E, e del 7 novembre 2006 n.123/E). Nei 250.000,00 euro non vanno ricomprese quelle entrate che non costituiscono reddito imponibile per espresse disposizioni legislative, tra cui: quelle realizzate nello svolgimento di attività commerciali connesse agli scopi istituzionali, quelle realizzate mediante raccolta pubblica di fondi, sempreché, come da disposizioni di legge, si riferiscano ad un numero di eventi complessivamente non superiore a due per ciascun anno e per un importo non superiore a d 51.645,69; il premio di addestramento e formazione tecnica.

Per poter optare per l'applicazione delle agevolazioni della 398/1991, l'associazione costituita deve (secondo le disposizioni del Dpr.442/1997) inviare comunicazione all'Agenzia delle Entrate e al concessionario del servizio Siae. L'accesso al regime forfetario ex legge 398/91 avviene quindi attraverso opzione che si esprime mediante comportamento concludente, da manifestarsi a inizio anno o dall'inizio dell'attività; opzione nel quadro VO della dichiarazione iva, da accorpare al modello Unico dell'anno.

La comunicazione ha effetto dal giorno in cui è esercitata e termina per revoca da parte dell'associazione, fino all'anno in cui il limite dei 250.000,00 euro viene superato o per il venir meno di uno dei requisiti.

Si ricorda che i proventi da considerare sono quelli incassati e non quelli maturati.

Le associazioni che hanno esercitato l'opzione sono esonerate dagli obblighi di tenuta delle scritture contabili (Dpr 600 del 1973, artt. 14,15,16,18,20) oltre che essere esonerati dagli obblighi del titolo II del Dpr 633/72. I soggetti che fruiscono dell'esonero devono: annotare anche in un'unica registrazione, i corrispettivi e qualsiasi provento conseguito nell'esercizio dell'attività commerciale con riferimento al mese precedente, nel modello di cui al DM 11 febbraio 1997, devono conservare e numerare in ordine progressivo le fatture d'acquisto, devono effettuare il versamento trimestrale dell'Iva entro il giorno 16 del secondo mese successivo al trimestre di riferimento. Inoltre devono annotare distintamente i proventi che non costituiscono reddito imponibile (es. plusvalenze patrimoniali, le operazioni intracomunitarie ai sensi dell'art. 47,legge n.427/93).

IVA

Per i proventi soggetti ad IVA l'imposta si applica secondo le modalità del sesto comma del DPR 633/72 art.74, che consente di determinare forfetariamente l'Iva da versare, in luogo dell'utilizzo dell'ordinario metodo di conteggio "Iva da Iva" (iva sulle vendite meno iva sugli acquisti) ovvero:

Iva dovuta:
- Diritti Tv e trasmissioni radio: abbattimento di 1/3
- Attività commerciali, spettacoli sportivi e pubblicità e sponsorizzazioni: abbattimento del 50%
- Attività istituzionale: non imponibile ad Iva.

Determinata l'Iva a debito, è necessario effettuare il versamento trimestrale entro il giorno 16 del secondo mese successivo al trimestre di riferimento. Il versamento deve essere effettuato utilizzando il Modello F24, con la possibilità di avvalersi delle disposizioni regolanti la compensazione con gli altri tributi.

Il versamento deve essere effettuato, senza maggiorazione degli interessi dell'1%:

- il 16 maggio (I trimestre), con codice tributo 6031;
- il 16 agosto (II trimestre), con codice tributo 6032;
- il 16 novembre (III trimestre), con codice tributo 6033;
- il 16 febbraio (IV trimestre), con codice tributo 6034 (anziché il 6099 previsto per la generalità dei contribuenti, che versano il 16 marzo).

Non è previsto, inoltre, il versamento dell'acconto Iva né vi è obbligo di dichiarazione.

Come avrete riscontrato non è necessaria la registrazione ai fini Iva delle fatture ricevute ma solo delle emesse.

Vi è l'obbligo di numerazione delle fatture emesse e di acquisto che devono essere numerate progressivamente per anno solare e conservate per 10 anni (art.39 DPR .633/72 e art.22 DPR60/73). Non vi è invece l'obbligo di emettere lo scontrino e le ricevute fiscali.

Tuttavia, sarà necessario registrare i dati dei clienti e fornitori per la redazione dello Spesometro che è obbligatorio qualora l'associazione svolga attività commerciale. In caso di inadempimento alla predetta disposizione è prevista l'applicazione di una sanzione amministrativa da euro 1.000 a euro 8.000 e la confisca del prodotto.

IRES

Gli enti associativi che optano per il regime 398/91 determinano la base ai fini Ires applicando l'aliquota del 3% al totale dei proventi commerciali e aggiungendo, al risultato così ottenuto, le plusvalenze patrimoniali, interamente tassate. In sostanza la determinazione forfetaria del reddito opera solo sui normali proventi commerciali. Non concorrono a formare la base imponibile ai fini Ires, secondo le disposizioni della legge 133 del 1999 art. 25:

- i proventi derivanti da attività di natura commerciale, connesse agli scopi istituzionali, (es. somministrazione alimenti e bevande, materiali sportivi, gadgets pubblicitari, cene sociali, lotterie, sponsorizzazioni..)
- i proventi derivanti da raccolte pubbliche di fondi, effettuate secondo qualsiasi modalità. L'esclusione vale solo se vengono rispettati i seguenti limiti:
    - massimo due eventi l'anno
    - importo complessivo dei proventi che non supera i 51.645,69 euro
    - redazione, entro 4 mesi dalla chiusura dell'esercizio, del rendiconto di ciascun evento di raccolta, ai sensi dell'art. 20 DPR 600/1973.

L'eccedenza rispetto ai limiti di cui sopra (superamento dei 51.645,69 euro e/o dei due eventi l'anno), viene inclusa nel computo del 3% dei proventi per la definizione della base imponibile Ires. Alla base imponibile viene applicata l'aliquota Ires del 27,5%, come avviene per le società di capitali.

Per conteggiare i proventi imponibili ai fini Ires, sulla base dell'analisi delle fonti normative e di prassi disponibili (Circolare del Ministero delle Finanze n. 1 dell'11/02/1992, D.M. 18/5/1995, Circolare SIAE 19/12/1992, n. 712) si applica una sorta di *principio di cassa allargato*.

Pertanto, sia ai fini della determinazione del reddito, sia del plafond dei 250.000 euro:

- in assenza di fattura devono computarsi tutti i proventi commerciali incassati nell'anno
- a questi dovranno aggiungersi
  - tutti i proventi fatturati e incassati nell'anno
  - tutti i proventi fatturati ma ancora non riscossi.

Quanto appena detto non rileva per quanto attiene l'iva da versare trimestralmente, dovuta al momento dell'emissione della fattura o dell'incasso del corrispettivo in assenza di fatturazione.

IRAP

Per quanto riguarda la determinazione dell'Imposta Regionale sulle Attività Produttive (Irap), se l'associazione svolge anche attività di natura commerciale, il valore della produzione netta (base imponibile Irap) è determinato nel seguente modo:

Base imponibile:

All'imponibile Ires determinato nel precedente schema (3% entrate commerciali) per determinare la base imponibile l'Irap bisogna aggiungere: i compensi per eventuale personale dipendente, i compensi da prestazioni di lavoro autonomo non abituale e gli interessi passivi. Non è necessario considerare: i contributi per le assicurazioni obbligatorie contro gli infortuni sul lavoro, le spese per apprendisti e i contratti di formazione lavoro, i compensi, i premi, i rimborsi forfetari di trasferta.

Cap VIII – COMMERCIALE O NO? REA O NO?

A volte il confine tra commerciale e non commerciale è davvero sottile. In questo caso ci viene in aiuto l'art 148 del DPR 917 del 1986 che stabilisce che non è considerata attività commerciale l'attività svolta nei confronti degli associati o partecipanti, in conformità alle finalità istituzionali, dalle associazioni, e dagli enti non commerciali di tipo associativo. Questo significa che le quote o le somme versate dagli associati o dai partecipanti in questi casi non concorrono a formare il reddito complessivo.

L'art. 148 comma 2 specifica che *"si considerano tuttavia effettuate nell'esercizio di attività commerciali, salvo il disposto del secondo periodo del comma 1 dell'articolo 143* le cessioni di beni e le prestazioni di servizi agli associati o partecipanti verso pagamento di corrispettivi specifici, compresi i contributi e le quote supplementari determinati in funzione delle maggiori o diverse prestazioni alle quali danno diritto. Detti corrispettivi concorrono alla formazione del reddito complessivo come componenti del reddito di impresa o come redditi diversi secondo che le relative operazioni abbiano carattere di abitualità o di occasionalità"*.

Ai fini della commercialità non rileva la tipologia dell'attività ma invece ha rilievo la corresponsione di corrispettivi specifici da parte degli associati.

Una puntualizzazione, sarebbe ottimale avere due numeri distinti tra Codice fiscale e Partita Iva in modo che l'attività sociale senza lucro resti legata al codice fiscale mentre con l'apertura della Partita Iva si riesca a rilevare agevolmente l'attività commerciale dell'associazione.

Molte associazioni restano nell'indecisione. Iscriversi al REA o no? Attenzione questa non è l'iscrizione in camera di commercio ma è il Repertorio delle notizie Economiche ed Amministrative, in pratica è un repertorio/elenco tenuto dalle Camere di Commercio. Il Ministero dello Sviluppo economico ha precisato che "...ove non ricorrano i presupposti che determinano l'obbligo di iscrizione al Registro delle imprese (svolgimento in via esclusiva o principale di attività di impresa), ma risulti, comunque, lo svolgimento di un'attività economica che si sostanzi nella produzione e nello scambio di beni o servizi, deve intendersi sussistere un obbligo di iscrizione dell'associazione al Repertorio delle notizie economiche ed amministrative".

Pertanto la dove l'associazione sia in possesso di Partita Iva e svolga attività economica, allora, è necessaria l'iscrizione in caso contrario, se l'associazione svolge attività solo verso i soci (es. riunioni ecc...) allora è possibile evitare l'iscrizione.

L'iscrizione al REA va effettuata da un amministratore, da un procuratore o da un legale rappresentante dell'Associazione stessa mediante la compilazione, in ogni sua parte, del Modello

R che va firmato digitalmente e inviato in modalità telematica al Registro Imprese della Camera di Commercio competente per territorio.

Vanno denunciati al Rea, a titolo d'esempio, l'inizio, la modifica e la cessazione dell'attività sociale, l'apertura e chiusura di unità locali, il possesso di titoli di abilitazioni all'esercizio di qualsivoglia attività ecc...

Attenzione! Le denunce da effettuare al REA devono essere presentante entro trenta giorni dalla manifestazione dell'evento denunciato (valgono le stesse modalità previste per le denunce al Registro Imprese). La mancata o ritardata iscrizione al REA è sanzionabile da parte del Registro Imprese.

SCIA o NON SCIA?

La denuncia di inizio attività va effettuata qualora l'associazione svolga un'attività commerciale. In caso di mera attività istituzionale tale pratica non è obbligatoria.

Cap. IX – MODULISTICA

- LIBRO VERBALI ASSEMBLEA DEI SOCI

E' uno dei libri sociali che l'Associazione è tenuta a compilare e conservare, in esso sono contenuti i verbali (cioè i resoconti) di tutte le assemblee dei soci convocate ed effettuate dall'Associazione. In questo vanno anche riportati tutti i documenti sottoposti a votazione; tra questi ricordiamo, ad esempio, l'accettazione delle richieste di iscrizione dei nuovi soci, o il rendiconto economico annuale.

Un verbale si apre sempre con l'ordine del giorno discusso durante l'assemblea, il medesimo mandato ai soci in fase di convocazione. Della redazione del verbale se ne occupa il Segretario dell'assemblea che, generalmente, corrisponde al Segretario dell'Associazione. Tra i compiti preposti al Segretario dell'assemblea, oltre che quello iniziale di fare l'appello dei presenti per verificare che il numero dei soci presenti e le eventuali deleghe siano sufficienti a garantire il numero legale (riportato nello Statuto), c'è quello di consentire lo svolgimento dell'assemblea e delle delibere e di annotare il più fedelmente possibile, punto per punto e in modo sintetico, ciò che avviene durante il dibattito.

Per ogni delibera inoltre dovrà annotare la percentuale dei voti espressi e, per finire, in conclusione di assemblea, dovrà leggere il verbale redatto a tutti i presenti per l'approvazione. Sarà sempre suo compito esporre il verbale presso la sede sociale dell'Associazione se previsto e per il tempo previsto dallo statuto sociale e altresì, se previsto, inviarne una copia a tutti i soci. Tutti i verbali, se formati singolarmente su dei fogli vanno raccolti in ordine di data a creare un libro, in alternativa può essere utilizzato un quaderno.

Conservare il libro /registro dei verbali di assemblea è importantissimo in caso di controlli da parte di enti esterni in quanto certifica la regolarità e la legalità dello svolgimento delle attività di un'Associazione e permette di mantenere i vantaggi fiscali previsti dal legislatore.

FAC-SIMILE
VERBALE ASSEMBLEA DEI SOCI

*VERBALE N.*_____ *DEL* _____

In data _____ alle ore _____ presso la sede legale dell'Associazione

"_____" sita in

_____, via

_____n._____,

si è riunita l'Assemblea dei soci regolarmente convocato con comunicazione avvenuta a mezzo _____ del _____, per discutere e deliberare sul seguente ordine del giorno:

1. xxxxxxxxxxx
2. xxxxxxxxxxx
3. xxxxxxxxxxx
4. xxxxxxxxxxx

Sono presenti i soci dell'Associazione

- *Nome e Cognome*
- *Nome e Cognome*
- ………

Assume la presidenza della riunione, in base alle disposizioni statutarie, il Sig. _____ il quale chiama ad assolvere alle funzioni di segretario per la redazione del presente verbale il Sig. _____ che accetta.

Il Presidente constata e fa constatare ai presenti la validità della riunione e passa alla trattazione degli argomenti all'ordine del giorno.

1. ……………

Viene posto in votazione il Punto 1 all'ordine del giorno

Voti favorevoli

Astenuti

Voti contrari

Il primo punto viene approvato/non approvato

2. ………………

Ecc……………

Null'altro essendovi da deliberare e nessun altro chiedendo la parola, letto e approvato il presente verbale, la riunione è tolta alle ore _____ .

Firma

- LIBRO VERBALI CONSIGLIO DIRETTIVO

E' un altro dei libri che vanno tenuti dall'associazione. Non va vidimato, può essere creato nello stesso modo del libro verbali assemblee dei soci.

Saranno riportate le riunioni del consiglio direttivo, le decisioni prese con la maggioranza definita dallo Statuto, allegati eventuali documenti a supporto delle decisioni (le così dette pezze giustificative).

I punti all'ordine del giorno saranno quelli definiti nella convocazione antecedente (sempre secondo Statuto).

Il segretario è nominato o da Statuto o dal Presidente ed è colui che verbalizzerà, controllerà la presenza del numero legale, raccoglierà le presenze dei nomi e dopo aver letto il verbale lo firmerà.

FAC-SIMILE
VERBALE CONSIGLIO DIRETTIVO

*VERBALE N.*_____ *DEL* _____

In data _____ alle ore _____ presso la sede legale dell'Associazione _____, sita in _____, via _____ n._____,

Il giorno _____ si è riunito il Consiglio Direttivo regolarmente convocato con comunicazione avvenuta a mezzo _____ il giorno _____, per discutere e deliberare sul seguente ordine del giorno:

1. xxxxxxxxxx
2. xxxxxxxxxx
3. xxxxxxxxxx

Sono presenti i soci dell'Associazione

- *Il Presidente nome e cognome*
- *Il consigliere nome e cognome*
- *………*

Assume la presidenza della riunione, in base alle disposizioni statutarie, il Sig. _____ e verbalizza il Segretario Sig._____

Il Presidente constata e fa constatare ai presenti la validità della riunione e passa alla trattazione degli argomenti all'ordine del giorno.

1. …………...

Viene posto in votazione il Punto 1 all'ordine del giorno

Voti favorevoli

Astenuti

Voti contrari

Il primo punto viene approvato/non approvato

2. ……………….

ecc……………

Null'altro essendovi da deliberare e nessun altro chiedendo la parola, letto e approvato il presente verbale, la riunione è tolta alle ore _____.

Firma

- IL LIBRO SOCI

Il libro soci di una Associazione è uno strumento molto utile alla democrazia interna e serve anche a semplificare eventuali controlli delle autorità. Partiamo da un concetto base: lo Statuto di una Associazione attribuisce ai soci diritti e doveri ben specifici. Ma come si fa a sapere chi è regolarmente socio e chi no? Come può un socio sapere se un altro sedicente tale lo è a tutti gli effetti? Attraverso l'esame di un Libro Soci ben tenuto. Nel libro soci vanno inseriti annualmente i dati dei soci, il giorno di iscrizione, il numero della tessera, eventuali appunti sulla decadenza di questi od espulsioni. Viene tenuto dal Consiglio Direttivo, dal segretario nominato.

E' inverosimile che all'atto di richiesta il socio venga iscritto, sarà il Consiglio Direttivo a decidere durante una riunione.

Il libro potrebbe essere una tabella riportante al vertice i titoli qui resi:

FAC-SIMILE
LIBRO SOCI DELL'ASSOCIAZIONE "_____"

N.tessera	Data iscrizione	Nome	Dati nascita	CF	Indirizzo	Contatti
Xxx	xxx	xx	xxx	x	xxxx	xxxxx
Xxx	xxx	xx	xxx	x	xxxx	xxxxx
Ecc.............						

- *LIBRO CASSA*

E' uno dei libri obbligatori ed è necessario per essere sempre aggiornati sui movimenti economici dell'associazione.

Avere un riscontro coi vostri documenti contabili (fatture e ricevute delle vostre entrate; fatture e ricevute delle vostre spese) ed evitare quindi che vengano manomessi è anche una formula per garantire ai soci che la gestione dell'associazione è trasparente. Il libro cassa ha anche lo scopo di seguire quotidianamente il flusso di denaro in entrata e in uscita dall'associazione e di determinarne il saldo giornaliero che dovrà poi trovare corrispondenza con l'effettiva consistenza di "denaro" che si trova in cassa. Con il termine "denaro" non si intendono soltanto i contante, ma anche tutti gli assegni ricevuti non ancora versati sul conto corrente.

Per essere pignoli andrebbe allegato ad ogni mese l'estratto conto del conto corrente bancario, la descrizione degli eventuali rimborsi spese approvati e liquidati dal Consiglio Direttivo indicandone la data.

E' importante ricordare che tutte le uscite devono essere documentate da elementi "fiscalmente" validi (per es. fatture, ricevute fiscali, scontrini fiscali, ecc). Vale inoltre la pena ricordare che anche la documentazione legata a pagamenti effettuati con la cassa va conservata ai fini civilistici per 10 anni. Sarà opportuno, pertanto, effettuare le fotocopie degli scontrini fiscali emessi in carta termica.

Il libro potrebbe essere una tabella riportante al vertice i titoli qui resi:

FAC-SIMILE
LIBRO CASSA DELL'ASSOCIAZIONE "_____"

Es. Data registrazione. – Numero operazione – Data operazione – Descrizione operazione – Entrata o Uscita

Stampa					
N.°	Data reg.ne	Data oper.ne	Descrizione operazioni	Entrate	Uscite
1					
2					

IN SINTESI

E' obbligatorio:
- Tenere il registro per cui vanno annotate, entro il 15 del mese successivo, le operazioni in entrata.
- Inviare il modello EAS entro 60gg (a meno di esenzioni)
- Conservare e numerare le fatture emesse e ricevute
- Versare trimestralmente l'Iva
- Presentare il modello UNICO enti non commerciali
- Tenere il libro verbali delle assemblee
- Tenere il libro soci
- Tenere il libro dei verbali del consiglio direttivo
- Fatturare le operazioni di sponsorizzazione, cessione di diritti radio tv e pubblicitarie
- Rendicontare gli eventi di raccolta fondi
- Certificare i corrispettivi d'ingresso alle manifestazioni attraverso contrassegni marchiati dalla SIAE
- Iscrizione al REA se si svolge attività commerciale

Non è obbligatorio:
- La redazione del libro inventari, del libro giornale, e del bilancio (anche se questo sarebbe auspicabile)
- La tenuta dei registri Iva, dei beni ammortizzabili e del magazzino
- L'emissione di scontrini e ricevute fiscali
- La comunicazione e la dichiarazione Iva

*Promemoria

Art. 148 DPR 917-1986 (Reddito complessivo): 1. Il reddito complessivo degli enti non commerciali di cui all lettera c) del comma 1 dell'articolo 73 è formato dai redditi fondiari, di capitale, di impresa e diversi, ovunque prodotti e quale ne sia la destinazione, ad esclusione di quelli esenti dall'imposta e di quelli soggetti a ritenuta alla fonte a titolo di imposta o ad imposta sostitutiva. Per i medesimi enti non si considerano attività commerciali le prestazioni di servizi non rientranti nell'articolo 2195 del codice civile rese in conformità alle finalità istituzionali dell'ente senza specifica organizzazione e verso pagamento di corrispettivi che non eccedono i costi di diretta imputazione.
2. Il reddito complessivo è determinato secondo le disposizioni dell'articolo 8.
3. Non concorrono in ogni caso alla formazione del reddito degli enti non commerciali di cui alla lettera c) del comma 1 dell'articolo 73:
a) i fondi pervenuti ai predetti enti a seguito di raccolte pubbliche effettuate occasionalmente, anche mediante offerte di beni di modico valore o di servizi ai sovventori, in concomitanza di celebrazioni, ricorrenze o campagne di sensibilizzazione;
b) i contributi corrisposti da Amministrazioni pubbliche ai predetti enti per lo svolgimento convenzionato o in regime di accreditamento di cui all'articolo 8, comma 7, del decreto legislativo 30 dicembre 1992, n. 502, come sostituito dall'articolo 9, comma 1, lettera g), del decreto legislativo 7 dicembre 1993, n. 517, di attività aventi finalità sociali esercitate in conformità ai fini istituzionali degli enti stessi.

Art. 145 DPR 917-1986 (Regime forfetario degli enti non commerciali) 1. Fatto salvo quanto previsto, per le associazioni sportive dilettantistiche, dalla legge 16 dicembre 1991, n. 398, e, per le associazioni senza scopo di lucro e per le pro-loco, dall'articolo 9-bis del decreto-legge 30 dicembre 1991, n. 417, convertito, con modificazioni, dalla legge 6 febbraio 1962, n. 66, gli enti non commerciali ammessi alla contabilità semplificata ai sensi dell'articolo 18 del decreto del Presidente della Repubblica 29 settembre 1973, n. 600, possono optare per la determinazione forfetaria del reddito d'impresa, applicando all'ammontare dei ricavi conseguiti nell'esercizio di attività commerciali il coefficientedi redditività corrispondente alla classe di appartenenza secondo la tabella seguente ed aggiungendo l'ammontare dei componenti positivi del reddito di cui agli articoli 54, 55, 56 e 57:
a) attività di prestazioni di servizi:
1) fino a lire 30.000.000, coefficiente 15 per cento;
2) da lire 30.000.001 a lire 360.000.000, coefficiente 25 per cento;
b) altre attività:
1) fino a lire 50.000.000, coefficiente 10 per cento;
2) da lire 50.000.001 a lire 1.000.000.000, coefficiente 15 per cento.
2. Per i contribuenti che esercitano contemporaneamente prestazioni di servizi ed altre attività il coefficiente si determina con riferimento all'ammontare dei ricavi relativi all'attività prevalente. In mancanza della distinta annotazione dei ricavi si considerano prevalenti le attività di prestazioni di servizi.
3. Il regime forfetario previsto nel presente articolo si estende di anno in anno qualora i limiti indicati al comma 1 non vengano superati.

4. L'opzione è esercitata nella dichiarazione annuale dei redditi ed ha effetto dall'inizio del periodo d'imposta nel corso del quale è esercitata fino a quando non è revocata e comunque per un triennio. La revoca dell'opzione è effettuata nella dichiarazione annuale dei redditi ed ha effetto dall'inizio del periodo d'imposta nel corso del quale la dichiarazione stessa è presentata.
5. Gli enti che intraprendono l'esercizio d'impresa commerciale esercitano l'opzione nella dichiarazione da presentare ai sensi dell'articolo 35 del decreto del Presidente della Repubblica 26 ottobre 1972, n. 633, e successive modificazioni.

Dpr 633/72 titolo II: TITOLO II Obbligo dei contribuenti. Art. 21. Fatturazione delle operazioni, art. 22. Commercio al minuto e attività assimilate, art. 23. Registrazione delle fatture, art.24 24. Registrazione dei corrispettivi, art. 25. Registrazione degli acquisti, art. 26. Variazioni dell'imponibile o dell'imposta, art. 27. Liquidazioni e versamenti mensili, art. 28. Dichiarazione annuale, art. 29 Elenchi dei clienti e dei fornitori, art. 30. Versamento di conguaglio e rimborso della eccedenza, art. 31 Applicazione dell'imposta per i contribuenti minimi, art. 32 Semplificazioni per i contribuenti minori relative alla fatturazione e alla registrazione, art. 33 Semplificazioni per i contribuenti minori relative alle liquidazioni e ai versamenti, art. 34 Regime speciale per i produttori agricoli, art. 35 Inizio, variazione e cessazione di attività, art. 35 bis Eredi del contribuente, art. 36 Esercizio di più attività, art. 37 Presentazione delle dichiarazioni, art. 38 Esecuzione dei versamenti, art. 38 bis e ter e quater Esecuzione dei rimborsi, art. 39 Tenuta e conservazione dei registri e dei documenti, art. 40 Ufficio competente.

Dpr 600 1973: esonero art. 14 Art. 14. Scritture contabili delle imprese commerciali, delle societa' e degli enti equiparati, art. 15 Inventario e bilancio, art. 16 Registro dei beni ammortizzabili, art.18 Contabilita' semplificata per le imprese minori, art.20 Scritture contabili degli enti non commerciali. E successive modificazioni.

Il registro dei corrispettivi, conforme al D.M. 11/2/1997, può essere utilizzato dalle società ed associazioni sportive dilettantistiche per annotare mensilmente le somme percepite nell'ambito dell'attività commerciale eventualmente esercitata fruendo del regime forfetario di cui all'art. 1 della legge n. 398 del 16 dicembre 1991.
Il prospetto può essere realizzato in un semplice formato tabella con diversi fogli:
- i dati fiscali della società o associazione sportiva e l'anno di riferimento;
- un foglio per ogni trimestre (4) dove l'utente avrà cura di annotare le operazioni imponibili con cadenza mensile (entro il giorno 15 del mese successivo) suddivisi per categoria: pubblicità, sponsorizzazioni, bar, manifestazioni, gare ecc...(aliquota iva 10% e 20%, aggiungendo o meno abbattimenti), altri proventi (con ulteriori colonne per le altre annotazioni previste dal D.M., compresi gli eventuali contributi da parte di enti pubblici aventi natura commerciale).
- un foglio per ogni liquidazione trimestrale (4), con scadenza naturale al 16/5 (1° trim. - cod. 6031), al 16/8 (2° trim. - cod. 6032), al 16/11 (3° trim. - cod. 6033), al 16/2 (4° trim. - cod. 6034),
- un foglio riepilogativo delle liquidazioni iva ed un altro foglio con il riepilogo delle voci di ricavo annuali (al 31/12).

Marianna Archetti

Laureata in Economia e Gestione Aziendale nel 2007 ed in Libera Professione e Consulenza presso l'Università degli Studi di Brescia nel 2009. E' Dottore Commercialista iscritta all'albo dei Dottori Commercialisti ed Esperti contabili di Brescia e Revisore Legale iscritta al Ministero dell'Economia e delle Finanze. Giornalista Pubblicista iscritta all'albo dei giornalisti della Lombardia.

Ha scritto libri di diverse tematiche:

"Le scelte difficili delle Donne: occupazione, disoccupazione, famiglia e carriera" Lulu edizioni – 2013
"Il FantastiMondo: fiabe e favole inedite" Lulu edizioni – 2016
"Associazioni, manuale d'uso" EconTime - 2017

www.ingramcontent.com/pod-product-compliance
Lightning Source LLC
Chambersburg PA
CBHW072243170526
45158CB00002BA/996